SANDRA CAMMANN

Herzen fühlen

42 WEISHEITSKARTEN

Illustrationen: Godlint Blümle

WINDPFERD

1. Auflage 2018

Illustrationen: Godlint Blümle
Gestaltung und Layout: Jennifer Jünemann | www.bitdifferent.de

MIX
Papier aus verantwortungsvollen Quellen
FSC® C019821

Printed in Germany
ISBN 978-3-86410-193-9
www.windpferd.de

Inhalt

Alphabetische Liste

Karla sucht Antworten

Darf ich mich vorstellen? Mein Name ist Karla Bordeaux. Bereits als kleines Mädchen spürte ich, dass ich anders als andere Kinder war. Ich war sensibler, feinfühliger und träumte so intensiv, dass ich manchmal beim Aufwachen nicht wusste, wo ich war. Meine spirituellen Fähigkeiten konnte ich allerdings erst als Erwachsene in Worte fassen. Dabei hatte mich das Gefühl der Liebe schon immer fasziniert. Als junge Frau war ich auf der Suche nach dieser Energie, weil meine Seele hungrig war. Kurz vor meinem 40. Geburtstag traf mich ein Liebespfeil ins Herz, als ich Nick sah. Von diesem Tag an war nichts mehr wie vorher. Ich stieg in eine endlose Achterbahn. Ein Blick in Nicks Augen genügte, um mein Herz mit Licht zu füllen. Doch wo Licht ist, ist auch Dunkelheit. Ich wurde kurze Zeit nach unserer ersten Begegnung brutal aus meiner Mitte geschleudert: Wir waren zwei verheiratete Menschen, die sich wie Magnete anzogen. Nick versteckte sich in seinem Schneckenhaus, nachdem ich ihn kurz kennenlernen durfte. Manchmal kam er vorsichtig aus seinem sicheren Häuschen wieder heraus, um sich wenig später wieder von mir zurückzuziehen. Diese On-Off-Geschichte hat mich viele Tränen gekostet. Alte Wunden rissen auf, die heilen wollten. Ich fühlte mich schrecklich abgelehnt von ihm und bettelte förmlich nach einem Treffen. Aber er ließ mich abblitzen. Immer wieder schossen Fragen in meinen Kopf. Was für einen Sinn hat diese Begegnung? Fühlt er genauso wie ich? Ist es Liebe? Und wenn ja, warum finden wir keinen Weg, um gemeinsam die Welt zu entdecken? Es vergingen ein paar Jahre, und Nick hat mir in dieser Zeit einen wichtigen

Liebesdienst erwiesen: Durch unsere Situation lernte ich, meine Gefühlswelt wahrzunehmen, weil ich trotz Wut und Trauer zu mir selbst stehen musste. Mein Leben wurde zur Herausforderung und großen Chance für die Weiterentwicklung in ein glückliches Leben. Kurz gesagt: Dieser Mann hat mich gelehrt, mich selbst zu lieben.

Nick ist das Gegenteil von mir. Er möchte lieber auf gesellschaftliche Vorgaben reagieren, als auf seine Gefühle für mich. Außerdem ist er es gewohnt zu analysieren und mit viel Verstand durchs Leben zu gehen. Ich lasse mich jedoch lieber von meinem Herz leiten. Wir prallten wie zwei Planeten aufeinander, die einen Urknall erzeugten. In besonders schweren Stunden nahm ich mir meine Weisheitskarten zur Hand, um nach Antworten zu suchen. Dann fragte ich die Karten: Wie wird es sich zwischen Nick und mir entwickeln? Was kann ich tun, um unsere Probleme zu lösen? Was fühlt Nicks Herz für mich? Meine Karten waren wie ein Strohhalm für mich und ein Ratgeber, der mir treu zur Seite stand. Auch wenn mir nicht unbedingt jede Antwort auf Anhieb gefiel. Durch die Karten erfuhr ich auch, dass Nick Liebe für mich empfand, aber nicht bereit war, diese Liebe mit mir auszuleben. Seine Familie und seine Arbeit waren das Wichtigste in seinem Leben. Die Karten lehrten mich, diesen Aspekt zu respektieren.

Dafür standen mir meine besten Freundinnen immer zur Seite – besonders, wenn ich im Meer der Tränen versunken bin. Dann haben sie mich aus diesem Sumpf wieder herausgeholt, mit mir gelacht und das Leben gefeiert. Manchmal nahmen sie mich auch einfach wortlos in den Arm oder lenkten mich ab.

Ein Jahr nach unserer Begegnung traf ich mich mit meinen Freundinnen beim Italiener zum Essen. Trish bestellte sich einen Ramazzotti und sagte: „Nipp mal dran, das entspannt dich." Mir wurde schon vom Riechen etwas schwindelig. Svenja ermahnte mich: „Denk daran, du verträgst keinen Alkohol! Nachher tanzt du noch auf dem Tisch." Und dann lachte sie aus voller Kehle. Ich schaute gespielt böse, setzte das Glas an den Mund und nippte an dem Teufelszeug. Nur ein kleiner Schluck, und mir wurde schrecklich heiß. Alle schauten mich besorgt an. „Was ist los mit dir?", fragte Trish erschrocken. „Du hast doch nur daran genippt." „Wir wissen doch alle, dass Karla nix abkann." Bea schmunzelte. Daraufhin antwortete ich: „Bevor ich gleich nackt auf dem Tisch tanze, gehen wir zu mir, Mädels, und machen eine Tarot-Party zum Vollmond. Wer von euch Hexen kommt mit und möchte die Karten gelegt bekommen?" Drei Köpfe nickten mit einem teuflischen Grinsen. Kichernd und leicht besoffen brachen wir auf. Es war eine laue Sommernacht. Meine Schuhe drückten fürchterlich, also zog ich sie aus und lief barfuß durch die Innenstadt bis zur nächsten U-Bahnstation. Passanten starrten mich an. „Noch nie nackte Füße gesehen?", entgegnete ich ihnen empört. Dann tanzte ich auf dem Bürgersteig. Trish schüttelte den Kopf: „Das kann ja heiter werden." „Schaut doch mal, wie schön der Vollmond ist!", platzte es aus mir heraus. Ich dachte an Nick, bekam plötzlich Lust ihn zu reizen und schrieb ihm: „Kommst du zu mir? Ich bin allein zu Hause. Wir könnten uns einen schönen Abend machen." Nick bekam am anderen Ende der Leitung Schnappatmung und antwortete: „Das meinst du doch nicht ernst?" „Doch Schätzchen. Kommst du jetzt?". Nick wurde still am anderen Ende der Leitung. „Der traut sich das nicht", spottete Trish, „Vergiss ihn!" Wenn das nur so einfach wäre, dachte ich.

In meiner Wohnung angekommen, holte ich alle Kartendecks, die ich besaß. Vorher zeigte ich stolz mein neues Pendel in die Runde: mit viel Glitzer. „Jede Hexe braucht ein Pendel! Wie findet ihr das?" Svenja riss mir das Pendel aus der Hand und hielt es sich an den Hals: „Schau mal, ein hübscher Kettenanhänger." „Bist du irre? Gib her!" Trish nahm das Pendel und hielt es über ihr Sektglas, aus dem sie kurze Zeit später einen Riesenschluck nahm. „Ist guter Sekt, hat das Pendel gesagt!" „Lasst uns anfangen, sonst liegen alle unter dem Tisch, bevor die erste Karte gezogen ist", sagte ich. Trish bekam große Augen: „Ich zuerst!" Sie hatte Stress mit ihrem Ehemann und steckte wie ich emotional in einer Dreiecksbeziehung mit einem anderen Mann, den sie abgöttisch liebte. Bea wollte wissen, wie es bei ihr beruflich weitergehen würde, und Svenja waren die Karten irgendwie unheimlich. Sie wollte lieber beobachten. Als ich Trish die Karten legte, war eine Karte schlimmer als die andere. Der Tod war dabei – die große Karte der Transformation, Schwertkarten, die für schwere Krisen stehen und ganz am Ende: ‚das As der Kelche'. Alle staunten über die höchste Liebeskarte des Tarot-Decks, die zunächst gar nicht zur Legung passte. Trotz meines leicht alkoholisierten Zustandes - oder gerade deswegen - konnte ich Trish die Karten exakt deuten: „Du wirst mit deinem Mann sehr schwere Zeiten durchmachen. Ihr werdet aus der Gewohnheit ausbrechen müssen. Dein Mann wird sich anfangs hängenlassen, aber du wirst die Situation akzeptieren, wie sie ist. Die Spannungen aus der Vergangenheit helfen euch, konstruktiv eine Lösung für euer Problem zu finden. Sollte es zu einer Trennung kommen, werdet ihr einen Vertrag aushandeln, der alle zufriedenstellt. Dein Seelenpartner wird dich vorantreiben und sich nicht immer so verhalten, wie du es dir wünschst. ‚Das As der Kelche' zeigt mir aber, dass am anderen Ende des dunklen Tunnels deine große Liebe auf dich wartet. Es ist weder dein Mann, noch dein Seelenpartner, der aktuell dein Herz berührt. Eine dritte Liebe wird in dein Leben kommen, wenn du dich so weiterentwickelt hast, dass du für diese Liebe bereit bist. Egal, wie schwer es auf diesem Weg wird – wenn du mutig in deiner Ehe vorwärts gehst, wird alles gut." Trish war sichtlich berührt. Tränen liefen über ihre Wangen. Sie ist von Natur aus eine Kämpferin. Genau wie ich. Aber sie war müde vom Kämpfen und brauchte eine Pause. Ich nahm sie herzlich in den Arm und freute mich, dass ihre letzte Karte die höchste Karte der Liebenden war. Die folgenden Tage wurden für Trish tatsächlich schwer. Sie setzte ihren Mann vor die Tür, der sich bereits einen Tag später besann und wieder bei ihr klingelte. Er gelobte Besserung und konnte sich endlich dazu aufraffen, eine Therapie zu machen, weil er die Kontrolle über sich selbst verloren hatte. Ob die beiden es schaffen und wann der andere Mann in Trishs Leben kommt, bleibt noch offen und spannend.

Bea wollte nichts über die Liebe wissen. Sie hatte mit ihrem Sven bereits das große Los gezogen. Sie führten eine glückliche Ehe. Bea ahnte jedoch, dass bei ihr das Thema Selbstliebe ein großes Defizit war. Der mangelnde Selbstwert blockierte sie im Job. Bea hatte es satt, auf selbständiger Basis zu arbeiten. Sie wollte Beständigkeit, einen festen Job und eine gute Absicherung fürs Alter. Außerdem suchte sie eine neue Herausforderung. Sie bewarb sich intuitiv auf eine Arbeitsstelle, die ihr auf Anhieb gefiel. Nun wollte sie von mir wissen, wie das Bewerbungsgespräch ablaufen würde, zu dem sie gerade eingeladen wurde. Die Karten zeigten, dass der Job, für den sie sich interessierte, nicht der richtige war. Vor allem war sie noch nicht so weit, sich beruflich zu verändern. Es gab viele Aufgaben und Hürden, die sie zunächst bewältigen sollte. Einerseits enttäuschte sie die Legung, aber andererseits fühlte sich Bea auch befreit von dem Zwang, das Bewerbungsgespräch perfekt führen zu müssen. Sie wurde entspannter und setzte sich nicht mehr so unter Druck. Zwei Tage später hatte Bea ein tolles Bewerbungsgespräch, in dem herauskam, dass der Arbeitgeber eigentlich niemanden suche, er aber, wenn etwas frei würde, gern auf sie zurückkomme.

Ganz zum Schluss legte ich mir selbst die Karten. Ich wollte wissen, was Nick aktuell für mich fühlte, wie er über mich dachte und ob wir einen Weg zueinander finden würden. Zuerst zog ich eine Seelenpartnerkarte: ‚die wahre Liebe' – dies ist eine Liebe, die es nur einmal im Leben gibt. Es kam aber noch besser. Mit der ‚Prinzessin der Kelche' war ganz klar, dass eine innige Liebesbeziehung zwischen uns beiden zu fühlen war. Meine verführerische Ausstrahlung würde sehr stark auf Nick wirken. Nun ging es jedoch darum, mit dieser Liebe äußerst achtsam umzugehen, weil wir beide sehr tiefe Gefühle füreinander hegten. Dadurch waren wir verletzlich. Unser gemeinsames Thema war das Erkennen und Wahrnehmen unserer Gefühle – vor allem das Zulassen dieser Gefühle. Eine Gefahr lag darin, mich in der träumerischen Sehnsucht zu verlieren. Stattdessen sollte ich es zwischen uns lieber fließen lassen. Trotz der tiefen

Gefühle sollte ich lernen, mich von Nick abzugrenzen. Die Kelche-Prinzessin stand auch dafür, dass ich es schaffen würde, mich aus alten Verhaftungen zu befreien, die den freien Fluss der Gefühle behindern würden. Doch ich dürfte nicht glauben, dass meine Empfindungen dieselben wie seine wären. Ich sollte nun mehr auf meine innere Stimme hören und intuitiven Ahnungen folgen, um mich vom Leben zutiefst berühren zu lassen. Dass ich mich in Nick so sehr einfühlen konnte, war manchmal Fluch und Segen zugleich. Sobald der Kontakt zwischen ihm und mir wieder floss, waren wir beide in romantischer Stimmung. Wir konnten uns zusammen von der Welt verzaubern lassen. Bezüglich Nicks Verhalten mir gegenüber habe ich den ‚Prinz der Schwerter' gezogen. Diese Karte sagt aus, dass er noch nicht mit seinem Gefühlsleben in Kontakt ist. Die Gefühle werden seinem Intellekt untergeordnet und überspielt. Sein egozentrisches Kopfkino ist die Folge seines messerscharfen Verstandes. Doch er wird schon bald alte Gewohnheiten hinter sich lassen. Er wird in neue Bereiche vorstoßen, die ihm einiges abverlangen werden. Nur dadurch kann er neue Ideen verwirklichen. Er möchte seinen bisherigen Rahmen erweitern, aber dabei sollte sein emotionaler Boden unter den Füßen bleiben. Das war natürlich nicht einfach, wenn er ständig mit Blicken und Gesten von einem Herzmenschen wie mir eingenommen wurde. Ganz zum Schluss zog ich für uns beide die Karte des Segens: ‚Segne, bis du lächelst!' „Halleluja – das kann noch Jahre dauern, bis ihr zusammenfindet", rutschte es Svenja heraus. Erschrocken schaute ich sie an, weil sie den Nagel auf den Kopf getroffen hatte. Natürlich gefiel mir dieser Kommentar gar nicht. Die Aussage der Karten motivierte mich jedoch, weiter an mir zu arbeiten.

Nun schaute ich in die restliche Runde: Trish liefen schon wieder Tränen aus den Augen und Bea war ganz still. Ich durchbrach das Schweigen: „Na gut, ihr Lieben. Es ist Zeit in die Heia zu gehen und die Message der Karten sacken zu lassen. Morgen ist ein neuer Tag mit neuen Chancen. Es war schön mit euch.“ Trish nahm schnell noch einen großen Schluck aus ihrem Sektglas, dann ging sie mit den anderen hinaus und säuselte mir im Gehen ins Ohr: „Ich komme morgen Mittag wieder. Und dann möchte ich wissen, wann endlich dieser tolle Mann in mein Leben tritt. Kannst du mir das sagen?“ „Tut mir leid Trish, ich bin keine Hellseherin. Aber ich glaube, wenn du fleißig an dir arbeitest und alte Gewohnheiten loslässt, wird es sicherlich bald passieren.“ Das beruhigte sie ein wenig und ein Lächeln huschte über ihre Lippen. „Danke“, hauchte sie mir betrunken ins Gesicht. „Ab ins Bettchen, meine Liebe!“ Mit erhobenem Zeigefinger zwinkerte ich ihr zu. Als alle weg waren, legte ich mich mit Klamotten aufs Sofa und schlief im Schimmer des Vollmondes ein.

Wie du mit den Karten arbeiten kannst

Weisheitskarten sind eine von vielen Möglichkeiten, um einen Blick in die Zukunft oder die Gegenwart zu werfen. Sie können deine beste Freundin sein, wenn du dich einsam fühlst, oder ein wichtiger Berater, wenn du an einem Scheideweg stehst. Dieses kleine Handbuch, zusammen mit deiner Intuition, wird dir helfen, die Antworten auf deine Fragen zu verstehen. Alle Themen sind positiv formuliert, weil wahre Herzensliebe das schönste Gefühl der Welt ist. Die Sätze auf den Karten möchten dir Denkanstöße geben. Lasse besonders die Bilder auf dich wirken, um intuitiv eine Aussage zu deinen Lebensthemen zu erhalten. Folge deiner Intuition und nimm dir Zeit, um innerlich still zu werden. Atme dabei tief ein und aus, um wieder bei dir selbst anzukommen. Jeder Atemzug verbindet dich mit deinem Herz.

Mische die Karten und breite sie vor dir aus, oder ziehe je nach Tagesform eine Karte mit deiner linken Hand! Stelle dir innerlich eine Frage: Was könnte dir in diesem Moment helfen? Welche Lernaufgabe zeigt dir die Begegnung mit einem geliebten Menschen?

Die Karte, die du ziehst, ist immer die passende Karte für deine jetzige Situation!

Lass jedes Kartenbild intuitiv auf dich wirken. Symbole und Zeichnungen sind im Detail manchmal hilfreich, um zu erkennen, worum es eigentlich geht! Deine eigene Interpretation ist wichtig. Sie kommt von ganz allein – vertraue darauf! Wohin zieht dich dein Blick auf dem Bild? Was entspringt plötzlich deiner Fantasie? Welche Bilder laufen vor deinem inneren Auge ab, wenn du diese Karte betrachtest? All das ist wichtig in der Deutung mit den Karten. Folge diesem Impuls! Schreibe deine Gedanken dazu in ein Notizheft! Du wirst staunen, was du im Rückblick erfährst, wenn du ein paar Tage, Wochen oder Monate später in deinen Notizen liest.

Mystik gehört dazu!

Jeder Mensch hat eine ganz individuelle Energie. Genauso, wie dein Lieblingsstift zu dir gehört, haben diese Weisheitskarten den Weg zu dir gefunden. Sie können zum Arbeitsinstrument oder Hobby werden. Der Zauber und die Magie deiner Karten werden nur durch dich lebendig. Sorge dafür, dass Bilder und Texte aus deiner Seele sprechen! Gönne dir Zeit und weihe die Karten ein: Mische sie, fächere sie auf und berühre jeweils eine Ecke jeder Karte, während du den Fächer an dein Herz hältst. Innerlich bittest du darum, dass du klare Botschaften erhältst und diese sehen und fühlen darfst. Jetzt sind deine Karten bereit, ausgelegt zu werden.

Erst fragen, dann mischen

Denke zunächst an deine zentrale Frage, auf die du eine Antwort erhalten möchtest! Wenn eine andere Person eine Frage hat, dann bitte diese Person, die Frage zu formulieren oder innerlich daran zu denken, bevor die Karten gemischt werden.

Sollte eine Karte während des Mischens aus dem Deck fallen, so ist sie ein Teil der Antwort. Lege die herausgefallenen Karten zur Seite, gehe wie gewohnt deinem Alltag nach und hole sie später wie einen Joker für die Liebe hervor! Mische die Karten solange, bis es sich gut anfühlt und die Hände aufhören, sich zu bewegen! Vielleicht sagt auch eine innere Stimme: „Es reicht!" Vertraue deiner inneren Führung – du kannst nur alles richtig machen.

Die zentrale Antwort

Nimm die erste Karte von oben. Sie wird die Antwort auf deine Frage sein und die innere Heilung anstoßen! Während du die Worte auf der Karte liest, achte auf Gedanken, die dir in den Sinn kommen! Worte, Gefühle und Visionen sind Botschaften, mit deren Hilfe du die Bedeutung der jeweiligen Karte auf den Punkt bringst.

Jede Karte hat ihre individuelle Bedeutung. Über die Beschreibung bekommst du eine grobe Richtung vorgegeben. Die Bilder drücken eine tiefe Weisheit aus, die dein Herz berühren werden. Lerne, die Sprache deines Herzens zu verstehen, damit du die perfekte Deutung für dich selbst erhältst! Achte auf die Details, die deine Aufmerksamkeit anziehen!

Solange eine Karte für dich sehr wichtig ist, kannst du sie an einem Ort platzieren, wo du sie immer sehen kannst. Sei frei und kreativ in der Anwendung dieser Karten.

Die Weisheitskarten sind strukturiert in Hauptthemen und Lernaufgaben. Die Hauptthemen bestehen aus 14 Karten, welche die Basis in einer glücklich gelebten Liebe zum Ausdruck bringen. Die 14 Themen stehen für Geduld und Disziplin: Hauptthemen entwickeln sich über viele Jahre des Lebens von der Kindheit bis ins hohe Alter. Sie sind in jedem Menschen unterschiedlich ausgebildet.

Die Lernaufgaben beziehen sich auf deine alltäglichen Herausforderungen in der Liebe und im Leben allgemein. Sie unterscheiden sich in vier Themengebiete mit jeweils 7 Karten. Die Zahl 7 symbolisiert Veränderung und Transformierung, die 4 steht für das Handeln bzw. die Umsetzung in die Tat.

Legesysteme

1. Hauptthema: Wie kann ich ein spezielles Thema in mir stärken?

Wenn du das Gefühl hast, du möchtest ein Hauptthema in dir besonders stärken, dann suchst du dir eine Karte heraus und ziehst von den restlichen 28 Karten mit den Lernaufgaben 1 bis 4 Karten, die du unter das Hauptthema legst. Du kannst alle Lernaufgaben zusammenmischen oder nach Lernthemen gliedern, um dann gezielt eine Karte aus jedem Lernthema zu ziehen.

2. Die Zukunft deuten

An manchen Tagen möchte man wissen, wie es zukünftig in der Liebe oder allgemein im Leben weiter geht. Für diesen Fall empfehle ich dir folgendes Legesystem: Du mischst alle Karten gut durch und ziehst mit der linken Hand 3 Karten. Diese Karten legst du vorher in Gedanken fest für: Vergangenheit, Gegenwart und Zukunft oder Gegenwart, nahe Zukunft und ferne Zukunft.

3. Seine/Ihre Gedanken und deine Gedanken

Möchtest du wissen, was dein Herzblatt aktuell über dich denkt und für dich fühlt? Dann mische die Karten wieder gut durch! Ziehe nun mit der linken Hand 3 Karten für die Kopfebene (Was denkt er/sie aktuell über dich?), 3 Karten für die Herzebene (Was fühlt er/sie für dich?) und 3 Karten für euren weiteren Weg (Wie geht es nun weiter?). Das

Gleiche kannst du auf der gegenüberliegenden Seite für dich machen – gleichzeitig oder nacheinander, damit alle Karten wieder im Spiel sind. Diese Legung kannst du wochen- oder monatsweise wiederholen, um zu erfahren, wo du in deinem Prozess stehst und wo dein Gegenüber steht.

4. Kombiniere und schärfe deine Intuition

Diese Orakelkarten werden dir besonders viele Einsichten schenken, je öfter du sie in die Hand nimmst. Aber auch andere Orakelkarten können in Kombination mit deiner Liebeslegung tolle Ergebnisse erzielen. Somit kannst du deine Situation zu 100% klären, um keine Fragen offenzulassen. Werde kreativ und kombiniere deine Legungen mit Tarot, Lenormand oder anderen Weisheitskarten!

5. Die Zukunft wie ein Regisseur selbst gestalten

Ziehe 3 Karten für die Vergangenheit, die Gegenwart und die Zukunft! An die Zukunftskarte kannst du zwei Mal 3 weitere Karten anlegen. Die erste 3er-Kartenreihe zeigt dir, wie es normalerweise mit der jetzigen Einstellung in der Entwicklung weitergehen würde. Die zweite Reihe zeigt dir einen anderen Weg. Wähle intuitiv, welchen Weg du gehen möchtest und bleibe positiv dabei!

Die Bedeutung der Karten

Hauptthemen

Kronenchakra

Das weiße Kronenchakra symbolisiert den tausendblättrigen Lotus. Die Zahl 1000 steht für Vol endung und Vollkommenheit. Es geht spirituell um das Aufsteigen von der Dunkelheit zum Licht und damit um die Vereinigung des göttlichen Selbst.

Spiritualität

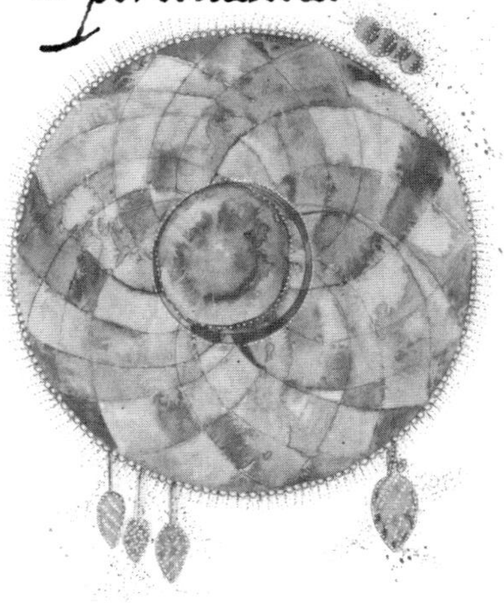

Gib deiner Seele Raum zum Atmen und lass dein inneres Licht leuchten! Du lebst in einem Körper, der die Herausforderungen des Lebens nicht allein schaffen kann. Dafür brauchst du den Zugang zu deiner Seele, die eine Weisheit von zahlreich geführten Leben in sich trägt. Wenn Situationen schwierig werden, möchte deine Seele jedoch den Körper verlassen und lieber in der schwerelosen Traumwelt des Universums verweilen. Hole dir deine Seele zurück, indem du den Zugang zu deiner eigenen Spiritualität findest und lasse dein inneres Licht erstrahlen! Suche dir dafür in der Natur weite Ausblicke, zum Beispiel bei Bergbesteigungen oder am Meer! Verneige dich vor dir selbst und anderen Lebewesen! Werde innerlich still und erlerne die Kunst der Meditation, um dich mit deiner Seelenweisheit zu verbinden!

Glaube

Glaube an das, was noch nicht ist, und lass es zur Realität werden! Der Glaube hilft dir, in schwierigen Situationen Halt zu finden. Viele Menschen sind religiös, aber das ist keine Grundvoraussetzung für den Glauben. Viel wichtiger ist der Glaube an dich selbst und an das Göttliche in dir. Bilde dir eine eigene Meinung zu diesem Thema, die aus deiner tiefsten Quelle kommt – deinem hohen Selbst! Verbinde dich am besten täglich über Meditation mit dir selbst, damit du weißt, wohin dich deine Seele auf deinem Lebensweg führen möchte!

Stirnchakra

Übersinnliche Wahrnehmungen wie Hellsehen und Gedankenlesen geschehen nur über das dritte Auge – das Stirnchakra. Probleme können über die Verbindung zum Höheren Selbst aus einem anderen Blickwinkel betrachtet werden und man kann sich schneller von diesen befreien. Das dritte Auge wird mit zwei violetten Blütenblättern dargestellt.

Träume

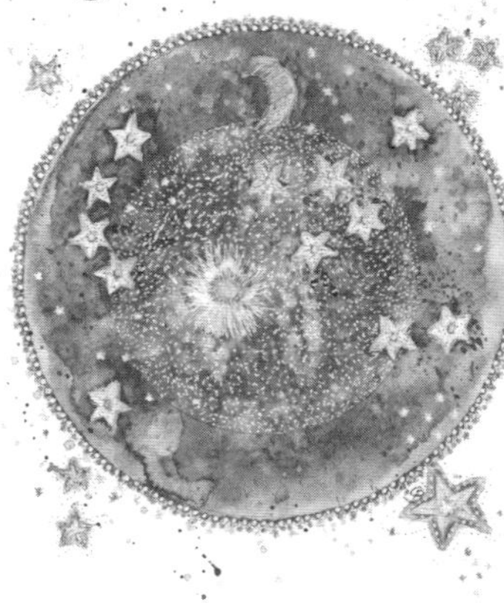

Lass dich von deinen Träumen beflügeln! Träume sind der Ausdruck unseres Unterbewusstseins. In der Traumwelt können Problemlösungen stattfinden, innere Blockaden aufbrechen oder der Seele Ausdruck verliehen werden. Hast du bereits von deiner großen Liebe geträumt? Es gibt Träume, die uns stark in Erinnerung bleiben. Manche Träume sind sofort vergessen. Trainiere dein Gedächtnis, indem du deine Träume ab jetzt aufschreibst! Analysiere den Traum und du wirst feststellen, dass deine Probleme im Alltag leichter gelöst werden können, wenn du intensiver deine Träume interpretieren und lenken kannst. Damit können deine positiven Träume endlich wahr werden. Du bist dein eigener Regisseur – im Traum wie auch im richtigen Leben!

Visionen

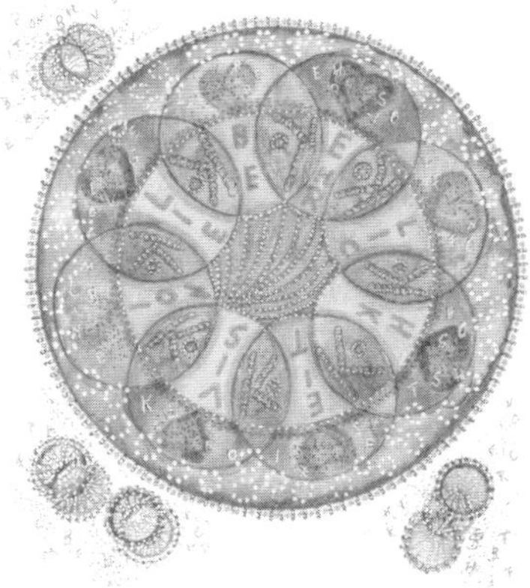

Deine Visionen zeigen dir, wer du wirklich bist. Fürchte dich nicht vor deinen Visionen – sie sind eine Kraft, die aus deiner Seele entspringt. Wenn du Visionen hast, bist du hellwach. Bilder oder Buchstaben tauchen vor deinem inneren Auge auf, als wären sie real. Wenn du diesen Visionen Aufmerksamkeit schenkst, wird sich dein Leben maßgeblich verändern. Dein Bewusstsein wird sich erweitern und du lernst von deiner Seele, Lösungen für deine Sorgen zu finden. Visionen sind heilsam und das Natürlichste der Welt.

Kehlkopfchakra

Das Kehlchakra wird als Chakra der Kommunikation bezeichnet. Es drückt unsere Gedanken und Gefühle aus, hilft bei der Wahrnehmung der inneren Stimme und ist das Tor zu höheren Bewusstseinsebenen.

Yin und Yang

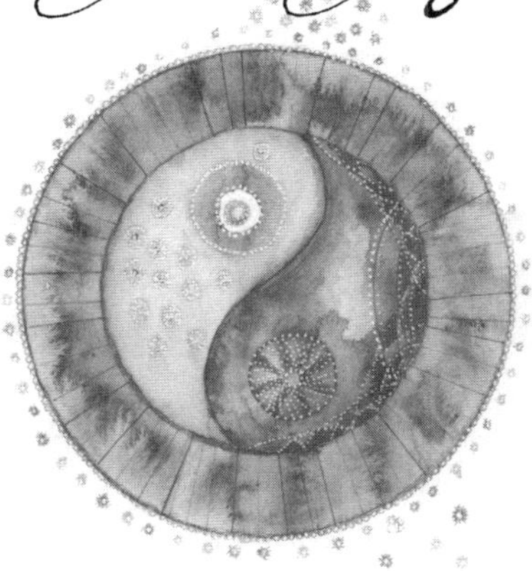

Im Leben herrscht die Balance zwischen Festhalten und Loslassen, Dunkelheit und Licht, Zuhören und Reden. Du kannst die Sterne nur leuchten sehen, wenn der Himmel dunkel ist und du kannst nur antworten, wenn du vorher zugehört hast.

Yin und Yang sind der Ausgleich der Dualität zwischen Männlichkeit und Weiblichkeit in jedem von uns. Werde dir bewusst, welche Fähigkeit in dir aktuell gestärkt werden könnte. Hast du zu viele männliche Eigenschaften in einem weiblichen Körper und Geist? Sei ehrlich zu dir, nimm deine Schattenseiten an und lerne, die Dualität in dir in Balance zu bringen, damit die Kommunikation mit anderen Menschen wieder fließt und du in Kontakt mit deiner inneren Stimme bist.

Hoffnung

Der feste Anker deiner Seele heißt Hoffnung. Wenn du die Hoffnung verlierst, verlierst du den Boden unter deinen Füßen. Deswegen gib niemals die Hoffnung auf – die Hoffnung, dass sich deine Träume erfüllen werden! Vielleicht erfüllen sie sich anders, als du es dir vorgestellt hast, aber sie werden sich erfüllen, solange du hoffen kannst. Wenn sich deine bessere Hälfte aus deinem Leben verabschieden möchte, dann wird es zu deinem Besten sein. Du wirst jemand anderes treffen, der dein Herz berührt. Vielleicht ist es dir auch vorherbestimmt, dass du in diesem Moment die beste Beziehung deines Lebens führst: mit dir selbst. Die Liebe, der du dann begegnest, wird nur noch das i-Tüpfelchen oben drauf sein. Hoffnung ist bis zum letzten Atemzug lebendig.

Herzchakra

Was auch immer im Leben passiert – über die Verbindung mit unserem Herzchakra finden wir Trost und Kraft. Mit einem gut entwickelten vierten Chakra nehmen wir Menschen so, wie sie sind – man liebt einfach und kann mit viel Herzenswärme Verantwortung für sich selbst und andere übernehmen. Wahres Mitgefühl, das Sich-Hineinversetzen in andere und tiefes Verständnis sind emotionale Fähigkeiten, die zeigen, dass das Bewusstsein bereits eine höhere Stufe der Entwicklung erreicht hat. Diese überpersönliche Liebe öffnet sich jedem Menschen – nicht nur dem Gegenüber, der Familie oder Freunden.

Liebe

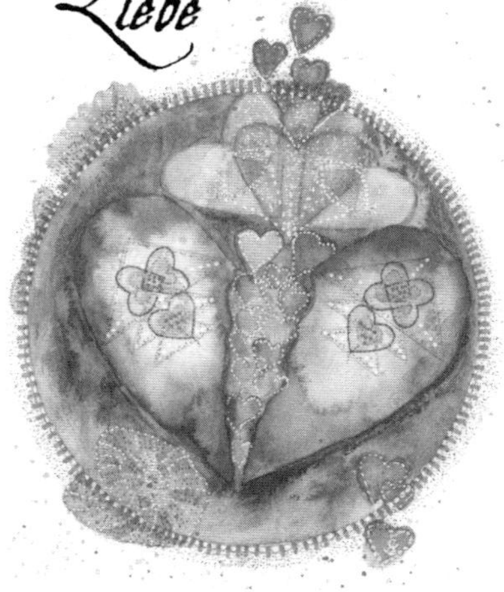

Du liebst einen Menschen, weil du etwas in ihm siehst, was kein anderer sieht. Durch wahre Liebe führst du Gespräche von Herz zu Herz. Nimm deine Maske ab und lass die Liebe fließen! Nur so kannst du Nähe zwischen dir und einem geliebten Menschen herstellen. Fühle energetisch die Liebe, die euch miteinander verbindet. Sie ist so rein und hell, dass dein Herz vor Freude tanzt. Und denke daran, wenn es kompliziert wird: Es ist nicht die Liebe, die schmerzt, sondern Verletzungen der Seele, die ihr gemeinsam durch eure Liebe heilen dürft.

Selbstliebe

Verliebe dich in dich selbst und darin, dich um dich selbst zu kümmern! Lerne, dich wertzuschätzen, wie du es dir von anderen wünschst! Behandle dich wie deine beste Freundin! Beschenke dich, führe dich aus und verwöhne dich mit Wellness und gutem Essen! Gönne dir etwas, weil du es dir wert bist! Du wirst dadurch immer zufriedener und glücklicher. Andere Menschen werden dich immer durch deine Augen sehen und dich genauso behandeln, wie du dich selbst behandelst. Wenn du dich wahrhaftig liebst, wirst du dieselbe Liebe im Außen automatisch in dein Leben ziehen.

Solarplexuschakra

Das Solarplexuschakra durchstrahlt wie eine leuchtende Sonne den Körper und versorgt ihn mit Lebensenergie. Es ist der Sitz unserer Persönlichkeit. Das dritte Chakra wird als Energiereserve des Körpers angesehen und vom Feuer des Sonnengeflechts genährt. Menschen mit einem starken Solarplexuschakra reagieren spontan, handeln aus dem Bauch heraus und treffen intuitiv die richtigen Entscheidungen. Sie lassen ihren Gefühlen freien Lauf.

Unabhängigkeit

Liebe und Leidenschaft dürfen pure Lebenslust sein, wenn du für dich selbst sorgen kannst. Wenn du deine eigenen Entscheidungen treffen kannst, brauchst du nicht darauf zu warten, dass andere es für dich tun. Falls du schon länger in einer eingefahrenen Beziehung steckst, wirst du dich vielleicht darin wiederfinden: Jede menschliche Beziehung ist einem Machtspiel unterlegen. Durch konkrete Rollenverteilungen macht man sich gegenseitig abhängig. Eigentlich meinen wir es nur gut, wenn wir dem anderen vieles abnehmen. Nur leider wird der Partner dadurch träge und verlernt, eigene Entscheidungen zu treffen. Erkämpfe dir deine Unabhängigkeit zurück und lass dir gerne von Freunden unter die Arme greifen! Es ist wichtig, eine Beziehung auf Augenhöhe zu führen. Ein unabhängiger Mensch ist attraktiv – egal, ob Mann oder Frau.

Glück

Glück findest du in dir selbst – es ist das Gefühl, zu Hause angekommen zu sein. Fühlst du dich wohl in deiner Haut? Wenn du glücklich bist, brauchst du nur wenig, weil du das Leben so liebst, wie es in diesem Moment ist. Wie oft streben wir nach dem Glück und finden es nicht? Glück stellt sich von allein ein. Ganz plötzlich ist es da und möchte wahrgenommen werden. Manchmal ist es nur ein kurzer Moment. Genieße diesen Moment in dem Wissen, dass Glück kein dauerhafter Zustand ist! Manchmal müssen Phasen von längerer Unzufriedenheit dem Glück vorangehen. Nur so kannst du es schätzen und in deiner Seele abspeichern. Mach dir bewusst, wofür du dankbar sein darfst, dann werden Glücksmomente nicht mehr lange auf sich warten lassen!

Sakralchakra

Mit einem starken Sakralchakra ist der Mensch sexuell aktiv, fühlt sich vital, ist kreativ und hat so eine starke Lebensfreude, sodass andere davon begeistert und angesteckt werden. Ein ausgeprägtes Selbstbewusstsein wirkt auf die Mitmenschen sehr anziehend. Beziehungen, Fortpflanzung, tiefe Freude, Lust und Genuss können nur entstehen, wenn man Situationen annimmt, wie sie sind, und das Leben fließen lässt. Die weibliche Energie in diesem Energiezentrum möchte integriert und gelebt werden – egal ob Mann oder Frau.

Sinnlichkeit

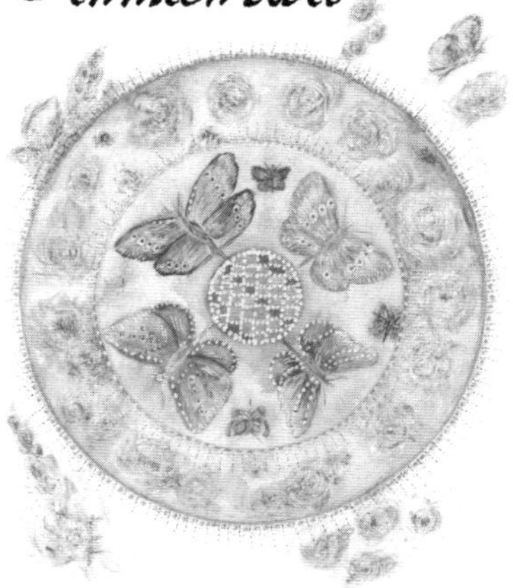

Liebe wird durch schöne Augenblicke lebendig. Sinnlichkeit ist der Weg der Lebensfreude und der weiblichen Ausstrahlung. Erwecke dein inneres Feuer und löse einen Flächenbrand aus – nur durch deine Anwesenheit! Wie das geht? Frage dich, was du willst und wohin oder zu wem es dich zieht. Was macht dir Spaß? Tu etwas Verrücktes und verlass deine Komfortzone! Begib dich auf eine inspirierende Reise, lerne ein neues Instrument, engagiere dich für Sozialprojekte oder lies ein gutes Buch! Alles, was mit Genuss zu tun hat, ist auch sinnlich. Triff dich mit neuen Menschen und sei mutig! Für Sinnlichkeit in deinem Leben brauchst du keine feste Liebesbeziehung. Aber mit einem geliebten Menschen alle Sinne zu öffnen, kann euch beiden eine ganz neue Dimension eröffnen.

Sehnsucht

Durch die Sehnsucht erfährt deine Seele, wie sehr du lieben kannst. Sehnsucht ist ein Gefühl, das dich innerlich zerreißen kann, aber es kann dich auch vorantreiben. Konzentriere dich auf die positive Seite der Sehnsucht und ergründe, was in dir nach Erfüllung sucht! Vielleicht sehnst du dich nach deinem Seelengefährten, weil du glaubst, er könnte dich „ganz" machen. Doch immer wieder wirst du in Beziehungen enttäuscht? Enttäuschung bedeutet: das Ende der Täuschung. Es ist die Sehnsucht, die tief in dir verankert ist. Reflektiere, warum du zunächst geglaubt hast, dass dieser Mensch deine Sehnsucht stillen könnte und es dann doch nicht tat! Du bist auf der Suche nach dir selbst. Deine Seele möchte die Anteile leben, nach denen du dich beim Gegenüber so sehr sehnst.

Wurzelchakra

Durch die Entfaltung des ersten Chakras lernt man, „Ja“ zum Leben zu sagen. Urvertrauen ins Leben, in Sicherheit und Geborgenheit sind wichtige Gefühle, die mithilfe eines gesunden Wurzelchakras gelebt werden können. Menschen mit einem starken Wurzelchakra haben viel Lebenskraft und fühlen sich mit der Erde verbunden. Selbstvertrauen und das Verhältnis zu materiellen Dingen wird in diesem Chakra gefestigt.

Urvertrauen

Jedes Ende eines Lebensabschnittes ist auch ein Neuanfang. Vertraue darauf, dass es für alle gut ist, so wie es ist! Wenn du nur noch beobachtest, was passiert, ohne Situationen zu bewerten, kannst du dich leichter an die Veränderungen des Lebens anpassen. Es ist einem ständigen Wandel unterzogen. Mit Urvertrauen hast du deine Emotionen im Griff. Wenn dir diese Basis fehlt, dann schaue weit zurück bis in deine Kindheit! Was ist damals passiert? Gab es Situationen, die dich traumatisiert haben? Arbeite diese Situationen auf! Lass dir dabei helfen! Du wirst mit der Zeit spüren, dass sich ein tiefes Gefühl von Zufriedenheit in dir ausbreitet, wenn du dir selbst und anderen Menschen für ihr Handeln vergibst. Niemand in deinem Leben versucht, dich mit Absicht zu verletzen – es sind immer Erfahrungen und Blockaden aus der Kindheit, mit denen du und andere Menschen Situationen bewertet.

Wunder

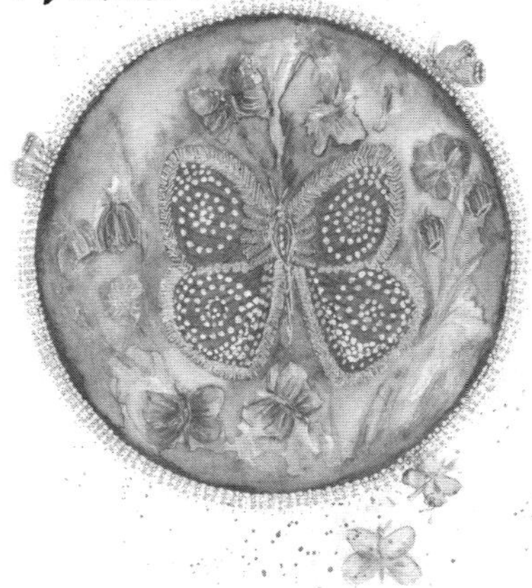

Wunder geschehen, wenn du deinen schönsten Träume mehr Aufmerksamkeit schenkst als deinen Ängsten. Bleib in der Liebe positiv und du wirst die Magie des Leben bald erkennen! Bist du wirklich schon bereit, Wunder i dein Leben zu lassen? Manchmal fühlt sich Partnerschaf an wie ein niemals endender Kampf. In dieser Zei werden viele Wünsche in den Himmel geschickt. Da Universum kennt zwar keine Zeit, aber dennoch wir dein Entwicklungsweg immer mit Wundern belohnt. Se dir jedoch bewusst, dass ein Wunder nicht immer deine festen Vorstellung entspricht, aber dennoch so viel Magie in sich trägt, dass es dich förmlich vor Glück umhaue wird!

Die Bedeutung der Karten

Lernaufgaben

So wirst du zur Kaiserin

Eine Kaiserin lebt selbstbestimmt, entfaltet ihre Potenziale und lebt diese aus. Sie ist unabhängig und frei. Dabei folgt sie ihren Visionen, Eingebungen und Träumen. Den roten Teppich rollt sich eine Kaiserin selbst aus: Sie erkennt ihren eigenen Wert und geht ihren Weg. Eine Kaiserin weiß auch von ihrer Macht, die sie besitzt. Diese setzt sie richtig ein, ohne ihre Macht zu missbrauchen. Jeder Mensch hat das Potential eine Kaiserin oder ein Kaiser zu werden.

Selbstbewusstsein

Du bist die einzige Person, der du gefallen musst. Selbst-bewusstsein bedeutet, dass du dir deiner Selbst bewusst wirst. Lerne dich kennen, nimm dich an, so wie du bist, damit deine Mitmenschen das auch tun können! Lässt du dich manchmal von anderen bewerten? Es sollte dir egal sein, was irgendjemand über dich denkt. Lebe deine Verrücktheit aus! Jeder Mensch ist ein Individuum. Löse dich von der Norm der Gesellschaft und werde innerlich frei, damit du selbstbewusst und mutig deinen Weg vorangehen kannst!

Mut

Es wird Zeit für einen Mutausbruch, weil mit Mut die schönsten Geschichten anfangen. Alles, was du brauchst, befindet sich auf der gegenüberliegenden Seite der Angst. Wenn du mutig bist, wirst du feststellen, dass dich eine vermeintlich falsche Entscheidung auf den richtigen Weg führen wird. Wer mutig ist, wird vom Leben immer belohnt. Trotzdem ist es wichtig, sich nicht kopflos in Abenteuer zu stürzen, sondern den Kopf einzuschalten, wenn es darum geht, den nächsten Schritt zu tun. Wenn dein Herz dazu „ja" sagt, dann überwinde dich und sei stolz auf deinen Mut!

Angst

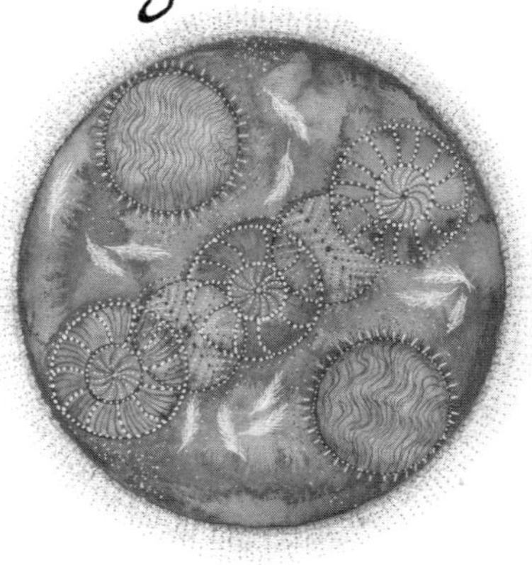

Verwandle deine Angst in Antrieb. Alles, wovor du wegläufst, existiert nur in deinem Kopf. Angst ist dazu da, unser Leben vor dem Tod zu bewahren. Doch was bereitet dir Todesangst? Das ehrliche und offene Gespräch mit deinen Liebsten? Oder bereitet es dir Angst, eine neue Beziehung einzugehen? Hast du Angst, nicht gut genug zu sein? Schau hinter den Vorhang der Angst und transformiere dieses Gefühl in Energie, um die Angst aufzulösen!

Ausstrahlung

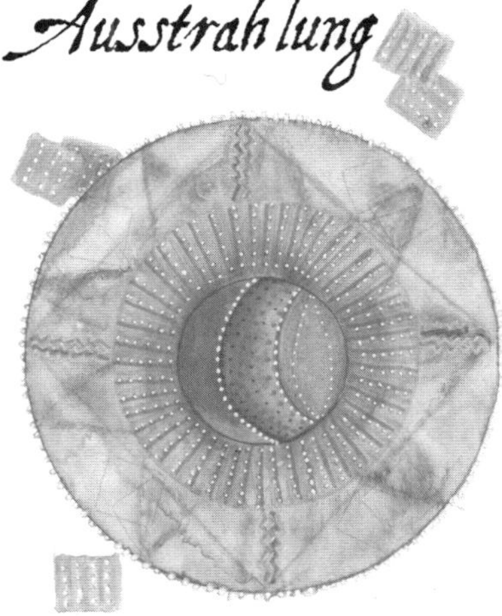

Was du denkst, strahlst du aus und was du ausstrahlst, ziehst du an. Bleibe innerlich positiv und in Liebe, damit du noch mehr Liebe in dein Leben ziehst. Mit Optimismus wirst du negativ denkende Menschen automatisch abstoßen bzw. ihnen Licht auf ihrem Weg aus der Dunkelheit spenden. Strahle so hell wie ein Stern, um deine gesamte Umgebung mitzureißen! Du wirst sehen, dass eine positive Ausstrahlung sogar auf Fremde wirkt, wenn du einen Raum betrittst und strahlst.

Lust

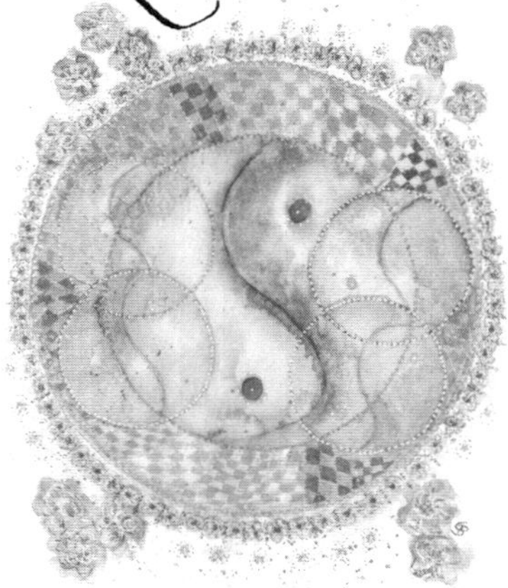

Gefühle werden lustvoll, wenn du dich vollkommen hingibst. Vertraue darauf, dass es keine Peinlichkeiten gibt – weder in der Liebe noch im alltäglichen Leben! Aktiviere deine Sinne und rieche an einer Blume, fühle Erde unter deinen nackten Füßen oder schmecke eine reife Erdbeere in deinem Mund! Lust entsteht, wenn du mit allen Sinnen das Leben genießt. In der Liebe bedeutet das: Fühle dein Gegenüber und nimm es wahr! Berühre seine Haut mit deinen Händen und deinen Lippen! Rieche dein Gegenüber und spüre die wundervolle Energie der Liebe, die euch beide umgibt! Lass deiner Fantasie freien Lauf – es wird die pure Lust in euch beiden erwecken!

Leidenschaft

Nimm dir Zeit für das, was dich tief in deinem Inneren berührt und lebendig macht! Das kann ein Hobby sein, die Arbeit oder genussvolle Momente zu zweit. Leidenschaft kann in deinem Leben ungeahnte Kräfte mobilisieren. Sie ist wie eine nachhaltige Glücksquelle, die dir jederzeit zur Verfügung steht. Es ist egal, ob das Kochrezepte sind, Sportkurse oder Reisen – Leidenschaft bringt ein magisches Funkeln in deine Augen. Wenn sie dir noch fehlt, dann umgib dich mit Menschen, die leidenschaftlich leben und nimm dir Zeit für die Dinge und Menschen, die dir wirklich wichtig sind! Verlass deine Komfortzone und mach etwas Kreatives und Verrücktes! Sei mutig und experimentierfreudig! So kann aus Leidenschaft Liebe werden.

Anziehungskraft

Dein Verstand sagt „Nein“, aber dein Herz ruft laut „Ja“? Du kämpfst innerlich dagegen an, um nicht zu ertrinken. Aber deine Kraft lässt irgendwann nach. Du wirst den Halt verlieren, weil du keinen vernünftigen Gedanken mehr fassen kannst. Magische Anziehung spürst du, wenn du eine bestimmte Person wiedersehen möchtest oder ständig an sie denken musst. Allein der Gedanke an diesen Menschen lässt deinen Hormonspiegel steigen – es kribbelt herrlich im Bauch. Du möchtest ihn riechen, berühren, küssen und diese Liebe körperlich ausleben? Dein Herz entscheidet, zu wem du dich hingezogen fühlst. Bei wahrer Liebe wird diese Anziehungskraft auch im Alltag einer Beziehung niemals enden.

Fühle die Liebe,
die dich immer und überall umgibt

Gefühlte Liebe macht lebendig. Seit der Existenz der Menschheit ist das Gefühl der Liebe ein Mysterium. Liebe ist die stärkste Kraft im Universum. Körperliche und seelische Liebe sind wie Nahrung für den Menschen. Um Liebe zu fühlen, braucht man allerdings den Zugang zum eigenen Herz. Ist das Herz offen, kann es die prickelnden Gefühle der Liebe wahrnehmen.

Respekt

Übe einen respektvollen Umgang mit dir selbst, indem du deinen Mitmenschen Respekt entgegenbringst! Wenn du von anderen Wertschätzung erhältst, wirst du mehr tun, als man von dir erwartet. Umgekehrt ist es genauso. Respekt hat eine starke Spiegelfunktion. Mach den Anfang und behandle dich selbst respektvoll, um Konflikte zu vermeiden oder schnelle Lösungen zu finden! Respekt bedeutet auch, dem Gegenüber richtig zuzuhören, Verständnis zu zeigen, offen und ehrlich zu sein sowie Fehler zugeben zu können.

Zuneigung

Wenn du wahrhaft liebst, betrachtest du dein Gegenüber aus den Augen deines Herzens. Jeder Mensch hat eine Sehnsucht nach körperlicher und geistiger Nähe, weil sie ein Gefühl von Sicherheit und Vertrautheit gibt. Man fühlt sich gut in der Gegenwart seines Seelenverwandten. Seine bloße Anwesenheit gibt einem das Gefühl, zu Hause angekommen zu sein. Nähe und Zuneigung können jedoch nur entstehen, wenn alle Masken fallen und Gespräche von Herz zu Herz geführt werden. Zur Nähe gehört auch die Distanz. Es ist wie bei einem Reißverschlussprinzip. Du interessierst dich für jemanden, flirtest und wartest auf eine Reaktion. Wenn dein Gegenüber darauf eingeht, entsteht wieder ein Gespräch zwischen euch. Ist nur einer aktiv, stirbt das Verlangen nach Liebe und damit auch die Zuneigung. Es ist also wichtig, dass man auf den anderen zugeht, aber auch lauscht, welche Signale vom Gegenüber ausgesendet werden.

Vergebung

Echte Liebe verzeiht mit dem Verstand – auch wenn das Herz schwer getroffen wurde. Wenn du die Vergangenheit loslässt, erfährst du mehr Liebe. Bei der Vergebung geht es darum, sich von Schmerz und Wut zu distanzieren und die Kränkung zu verarbeiten. Dabei ist es egal, ob die andere Person bereut, was sie getan hat. Wichtig ist nur dass du verzeihst, weil es das Beste ist, was du für dich tun kannst. Vergib nicht nur dem anderen, sondern vor allem dir selbst, wenn du dich darüber ärgerst, dass du solange in Wut und Zorn gelebt hast! Radikale Akzeptanz ist die einzige Chance, die du hast, wenn du vergeben möchtest. Positives Denken wird dir Glück in der Liebe bringen.

Wege mit Herz

Lausche der zarten Stimme deines Herzens! Sie will dir etwas mitteilen: Neue Wege können nur entstehen, wenn du dich in Bewegung setzt und vorangehst. Mach den ersten Schritt und sei mutig! Für welchen Weg du dich auch entscheidest: Sorge dafür, dass er dich glücklich macht! Du kannst dich auf die Weisheit deines Herzens verlassen. Dein Herz hat bereits geschlagen, bevor du denken konntest. Mit deinem Verstand kannst du verstehen. Die wirklich wichtigen Entscheidungen in deinem Leben trifft jedoch dein Herz.

Hingabe

Nimm dir Zeit für die Menschen, durch die du dich lebendig fühlst! Hingabe ist das Glück, seiner Sehnsucht folgen zu können und in der Liebe vollkommen aufzugehen. Die Liebe transformiert sich zu Hingabe, wenn alle einen Schritt ins Ungewisse machen. Vertrauen in das Leben und die Liebe sowie tiefe Dankbarkeit sind der Ursprung aus der Hingabe wächst. Über Achtsamkeit erfährst du dass Hingabe zum Leben und der Liebe nur im Hier und Jetzt stattfinden kann. Sage kraftvoll „Ja“ zu allem, was dir wichtig ist, und gib für einen Moment die Kontrolle ab! Lass dich in die tiefen Gefühle fallen, die aus deinem Herz stammen! Nur durch vollkommene Hingabe wirst du erfahren, wie es sich anfühlt, mit dem geliebten Menschen zu verschmelzen. Körperlich und geistig.

Moral

Was möglich oder unmöglich ist, entscheidest nur du. Liebe ist wie eine Wundertüte und ein Kind der Freiheit. Du selbst übernimmst die Verantwortung für dein Leben. Mit Moral in der Liebe ist ein reibungsfreies Miteinander gemeint, indem du die Perspektive wechselst. Sieh die Welt aus den Augen des anderen und ziehe dann deine Schlüsse daraus! Achte dein Gegenüber und wecke dein Bewusstsein für das moralisch Richtige und ethisch Gute – fern von festgeschriebenen Regeln! Verurteile dich nicht dafür, dass du dich verliebt hast, obwohl du noch gebunden bist, oder deine große Liebe vergeben ist! Werde still und meditiere, um herauszufinden, was deine eignen Moralvorstellungen sind!

Mitgefühl

Zeige offen und ehrlich, was du fühlst! Liebe und Mitgefühl sind die höchsten Formen der Intelligenz. Mit Empathie ist es dir möglich, dich in andere Menschen hineinzufühlen. Diese Gabe ist ein Geschenk. Lerne, damit umzugehen und dein Mitgefühl über die einzigartige Vorstellungskraft in Optimismus zu verwandeln! Verbinde dich im Geiste positiv mit einem geliebten Menschen! Mitgefühl kann dein Wohlbefinden fördern und dir Heilung bringen. Wichtig ist auch, dass du mit dir selbst fühlst. Sei liebe- und verständnisvoll mit dir selbst! Achte darauf, dass dein Herzchakra offen bleibt!

Nimm das Leben an und geniesse es

Wer glücklich ist und das Leben genießt, befindet sich in einer tiefen Entspannung. Die Sinne sind offen. Dieser Zustand kann jedoch nur sein, wenn man Ja sagt zu dem, was gerade ist, was erlebt und empfunden wird. Lass dich für diesen Zustand auf das Jetzt ein! Sieh auch in den vermeintlich negativen Situationen die Chance und Herausforderung, Dein Leben selbstbestimmt in die Hand zu nehmen!

Fülle

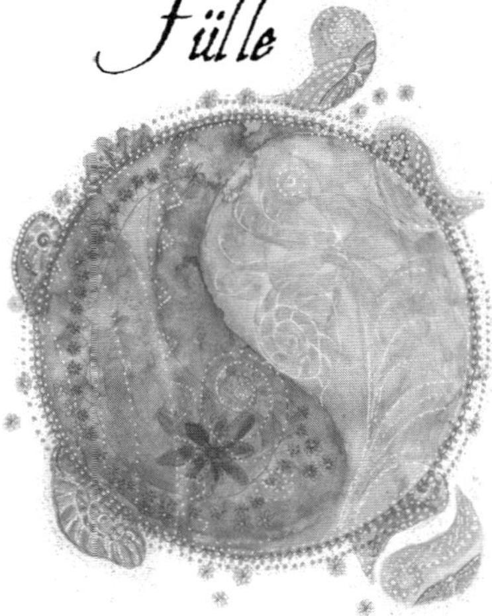

Alles, was du zum Leben brauchst, steckt tief in dir drin. Hast du das Gefühl, dass dir in deinem Leben etwas Elementares fehlt? Es ist an der Zeit, aufzusteigen in ein neues Bewusstsein. Die Kraft in deinem Inneren heißt Liebe und sie möchte in allen Facetten gelebt werden. Im Mangelbewusstsein fühlt sich das Leben schwer an. Du hast das Gefühl, kämpfen zu müssen. Mach dir bewusst, wie viel du wirklich besitzt: Freunde, Gesundheit, Liebe, Kinder, hochwertiges Essen, ein warmes Zuhause etc. Deine Situation kann nun unverändert sein, aber trotzdem hast du das Gefühl, dass es dir an nichts fehlt? Dann fühlst du die Fülle in deinem Leben. Es kommt auf die Sichtweise an. Denke positiv und du wirst staunen, wie viel Unterstützung du von anderen Menschen für dein Leben erhältst, ohne etwas dafür tun zu müssen! Die Fülle ist der natürliche Zustand, in den du nun wieder zurückkehren darfst.

Dankbarkeit

Genieße die kleinen Dinge, die dein Leben großartig machen! Wenn du das liebst, was du hast, besitzt du alles, was du brauchst. Begegnungen mit anderen können wertvoll sein – auch wenn du erst später den Sinn darin erkennst. Im Zustand der Dankbarkeit wirst du mehr erreichen, als du dir momentan vielleicht vorstellen kannst. Du konzentrierst dich auf das, was du hast, und lässt den inneren Zustand der Fülle entstehen. Sei dankbar für jede schöne Sekunde mit Familie und geliebten Menschen und lerne, deine Liebsten wieder richtig zu schätzen! Durch bewusste Dankbarkeit ergibt die Vergangenheit Sinn und in Zukunft fühlst du Frieden in Herz und Seele.

Meditation

Mach dich leer, damit du Platz für Neues schaffst! Nur wenn der Kopf leer ist, spürst du Liebe. Lerne, dich im Herzen zu zentrieren, damit sich deine ganze Persönlichkeit in Liebe verändern kann! Stell dich vor einen Spiegel und schaue dich an! Beobachte dich, ohne zu bewerten! Das Gleiche tust du mit deinen Gedanken! Das ist Meditation. Es gibt viele Techniken in der Meditation. Suche dir eine passende heraus und du wirst schnell feststellen, dass bereits wenige Minuten am Tag reichen, um den Zustand der Stille genießen zu können!

Balance

Verbringe jeden Tag einige Zeit mir dir selbst! Zeit für sich selbst ist in unserem hektischen Alltag Luxus geworden – besonders, wenn Familie mit Kindern und der Beruf viel Zeit einnehmen. Doch die regelmäßigen Rückzüge stärken die Gesundheit. In dieser Zeit erfährst du, wer du bist und was du wirklich im Leben willst. Du bekommst eine Distanz zum Alltag – ein riesiges Geschenk. Doch die Zeit, in der du allein bist, sollte qualitativ hochwertig sein. Verpflichtungen und digitale Ablenkungen sind tabu. Verbringe auch hochwertige Minuten mit deinem Partner/ deiner Partnerin! Zelebriert das Leben gemeinsam, um die Liebe immer wieder aufblühen zu lassen! Je öfter du dir diese kleinen Ich-Zeitintervalle gönnst, desto mehr werden sich deine Mitmenschen daran gewöhnen.

Verbundenheit

Fühle die Verbundenheit mit Allem! Spüre, wie du geliebt und beschützt wirst! Erst, wenn du die Kontrolle abgibst und vertraust, wirst du tief in dir die Verbundenheit mit allen Lebewesen spüren. Diese Momente des Loslassens sind magisch, weil du innerlich einen kleinen Tod erlebst, aber gerade dadurch die Verbindung mit dir selbst wahrnimmst. Manchmal ist eine dunkle Phase des Schmerzes notwendig, um ins Licht zu kommen. Du wirst durch alles hindurchgehen, was dich von deinem Selbst fernhält. Sei dir gewiss, dass Trennung nur eine Illusion deines Kopfes ist. Fang an zu leben, was du wirklich bist: die Reinform der Liebe!

Lebensfreude

Sieh das Wunderbare im Alltäglichen! Das Leben ist immer so schön, wie du es findest. Freude am Leben entsteht durch ein inneres Gefühl von Glück und Zufriedenheit. Optimismus, Selbstvertrauen, Zuversicht und eine kreative Lebensweise fördern die Freude. Es ist normal, dass positive Stimmung wieder verfliegt und nur von kurzer Dauer ist, aber echte Freude am Leben ist ein nachhaltiges Gefühl. Eliminiere zunächst Energieräuber wie negativ denkende Menschen oder Termindruck aus deinem Leben! Akzeptiere deine Schwächen und trainiere deine Achtsamkeit! Bringe dir selbst und anderen Wertschätzung entgegen! Hole das Beste aus jedem Moment heraus und schenke jeder Aktion deine volle Aufmerksamkeit! Damit stoppst du die Gedankenflut und entscheidest dich für ein Leben im Hier und Jetzt. Richte deinen Fokus auf das Gute im Leben und bleibe positiv!

Gegenwart

Lebe für die Momente, die du nicht in Worte fassen kannst! Genieße diese Momente, bevor sie zur Erinnerung werden! Was wäre, wenn Vergangenheit und Zukunft nur eine Illusion des Verstandes wären und alles nur im jetzigen Augenblick stattfindet? Auch die Zukunft vollzieht sich in einem gegenwärtigen Moment. Die Vergangenheit ist vorbei und wird nie wieder sein. In der Gegenwart bist du wach und aufmerksam. Du bist offen für Gefühle, du gibst die Kontrolle ab, kannst genießen, die Zeit vergessen und anderen Menschen deine volle Aufmerksamkeit schenken. Erst dann fühlst du dich lebendig! Konzentriere dich im Alltag mehr auf das, was du tust! Wenn deine Gedanken abschweifen wollen, hole sie bewusst zurück! Lass dir mehr Zeit für das, was du gerade tust und mache wirklich nur das! Stelle Weichen für deine Zukunft, aber sei dir bewusst, dass du über den Ausgang und Verlauf nichts in deiner Hand hast!

Finde zurück zu dir selbst

Durch Lebenskrisen hat man die Chance zu reifen. Viele Menschen fragen dann plötzlich nach dem Sinn des Lebens. Warum ist man auf dieser Erde? Hat das Leben überhaupt einen Sinn? Identität wird zu einem Balanceakt. Sie kann sich im Laufe des Lebens ändern, doch im Kern bleibt man immer die Person, die man ist. Dazu gehört auch die Akzeptanz der eigenen Schattenseiten. Authentisch und stark ist ein Mensch, der keine Masken trägt und transparent für andere ist.

Abenteuer

Höre auf, Pläne zu schmieden: Das Abenteuer beginn mit der Ungewissheit! Das Leben verläuft nicht imme nach Plan oder wie du es dir wünschst. Wenn du in eine Beziehung steckst und dich nun fremdverliebt hast, dann schaue dir an, was dir in deinem Leben fehlt! Vielleicht kannst du das Feuer der Liebe in deiner aktuellen Beziehung neu entfachen, aber wenn du nur noch Routine spürst und die Liebe auf der Strecke geblieben ist, dann ist es manchmal besser, sich dem Abenteuer der Ungewissheit hinzugeben. Versuche, offen und ehrlich mit deinem Gegenüber zu reden, damit ihr beide die Chance auf einen Neuanfang habt! Das Abenteuer kann nur beginnen, wenn du aktiv vorangehst.

Loslassen

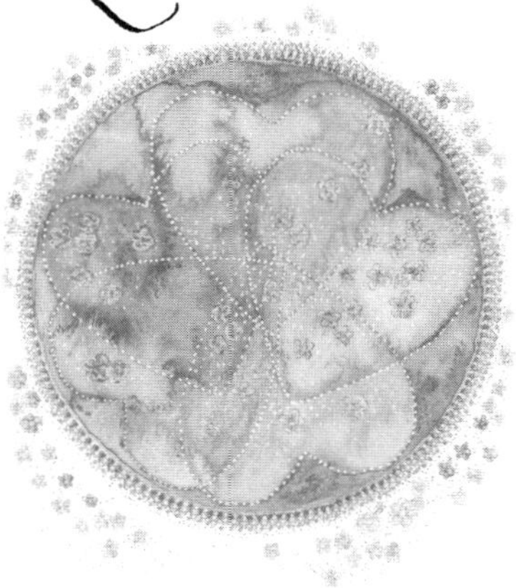

Loslassen bedeutet, sein Gegenüber freizugeben, um bedingungslose Liebe zu erfahren. Andere loszulassen ist die Königsdisziplin in der Liebe. Der sehnlichste Wunsch eines Menschen ist, die wahre Liebe zu finden. Wenn du nun glaubst, dass du diesen einen Menschen gefunden hast, dann wirst du loslassen müssen. Zumindest die Erwartungen, die du an diese Person hast, weil du dich sonst abhängig machst. Glaubst du wirklich, dass du ohne deine momentane Liebesbeziehung nicht mehr glücklich werden kannst? Klammerst du, weil du dich nicht mit deinen eigenen Problemen auseinandersetzen möchtest? Auf lange Sicht wird sich der geliebte Mensch deswegen von dir entfernen. Tu dir etwas Gutes, verwöhne dich so, wie du es dir von deinem Gegenüber wünschst und steigere deine Selbstliebe! Loslassen ist zwar schwerer als festhalten, aber du benötigst dafür weniger Kraft.

Rückzug

Es ist an der Zeit, sich von der Welt zurückzuziehen, damit Herz und Seele heilen können. Mit wahrer Liebe ist immer eine starke Anziehungskraft verbunden. Doch wenn einer von beiden abtaucht, wird es kompliziert und schmerzhaft. Ein Rückzug ist immer eine Schutzhaltung. Die Intensität dieser Liebe kann große Ängste auslösen. Wenn sich die geliebte Person zurückzieht, dann respektiere dies. Fängst du an zu kämpfen, wird der Rückzug nur noch stärker. Frauen können sich in Sekunden verlieben, Männer brauchen dazu Wochen oder Monate – manchmal sogar Jahre. Sie möchten sich ganz sicher sein, dass diese Frau wirklich ihre Herzenspartnerin ist. Dafür brauchen sie innere Stille und Rückzug. Aber auch für eine Frau ist es wichtig, sich ab und zu von der Welt zurückzuziehen. Nur so kannst du erfahren, was du wirklich möchtest. Liebe ist immer eine tiefe Selbstbegegnung!

Wahrhaftigkeit

Lass deine Masken fallen und lebe in jedem Moment deine wahre Bestimmung! Nur, wenn du die Wahrheit aussprichst, kann Liebe wachsen. Wahrheit ist die Grundlage jeder Liebesbeziehung. Es ist egal, ob es um die Liebe für dich selbst geht oder die Liebe zu einer anderen Person. Wahrhaftigkeit bedeutet auch, zu deinen Gefühlen zu stehen, zu deinen Wünschen und deinen Ängsten. Mach dich unabhängig von der Meinung anderer, vertrete deine Ansichten und gehe deinen eigenen Weg! Steh zu deinen Macken und nimm auch deine Schattenseiten an – sie machen dich zu diesem individuellen und liebenswerten Menschen! Wenn du authentisch bist, dann wird dein Handeln nicht mehr von äußeren Einflüssen gelenkt. Treffe Entscheidungen nur für dich selbst! Sei ehrlich zu dir und lebe für dich! Achte darauf, dass deine Taten dich glücklich machen!

Ehrlichkeit

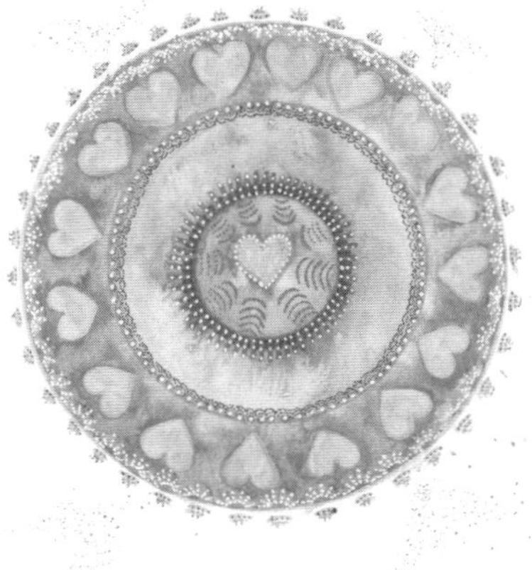

Ehrlichkeit verleiht dir wahre Stärke. Wenn du ehrlich bist, kommen deine Worte direkt aus deinem Herzen und öffnen das Tor zu deiner Seele. Ehrlichkeit bedeutet deinem Gegenüber die Dinge mitzuteilen, die für dich und eure Beziehung wichtig sind. Wenn es dazu führt, dass diese Person verletzt oder verärgert ist, dann erfordert Ehrlichkeit eine Menge Mut und Stärke von dir. Dafür erhältst du ein hohes Vertrauen von den Menschen, die du liebst. Hast du in deiner Partnerschaft schon einmal Dinge gesagt, die dich richtig Mut gekostet haben?

Kontrolle

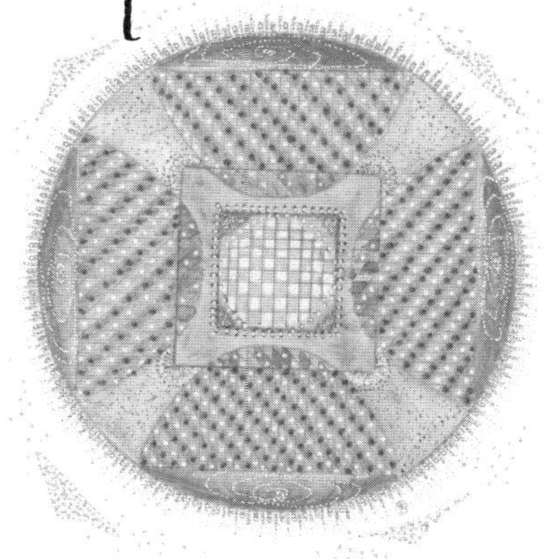

Wahre Liebe kannst du nur durch Kontrollverluste spüren. Wenn du dich dem Gefühl deines Herzens hingibst, brauchst du nichts mehr kontrollieren. Deine Gedanken sind wieder frei für andere Dinge und es kostet dich weniger Energie. Kontrolle ist eine Illusion des Verstandes. Der Verstand möchte festhalten und lenken. Das Leben lebt sich jedoch von selbst. Du musst gar nicht viel dafür tun. Du bekommst Visionen und Eingebungen. Daraus kannst du Wünsche formulieren, um diese wieder loszulassen und die Kontrolle abzugeben. Die Kontrolle des Verstandes versucht auch, Gefühle zu unterdrücken. Das Gefühl von wahrer Liebe ist jedoch so stark, dass du niemals die Kontrolle darüber haben wirst. Lass es lieber zu und spüre die Wärme in deinem Herz, wenn du an diesen geliebten Menschen denkst – egal in welcher Konstellation ihr beide lebt!

Achtsamkeit

Genieße jeden Atemzug in deinem Leben und nimm wahr! Erst, wenn du dich selbst wahrnehmen kannst, kannst du auch deinen Seelenverwandten in allen Facetten wahrnehmen. Durch Achtsamkeitstraining wirst du empathischer für dich selbst und kannst dein Gegenüber völlig neu entdecken. Dann siehst du ihn so, wie er wirklich ist. Nimm die rosarote Brille ab und folge deiner eigenen Wahrnehmung. Achtsamkeit möchte ständig trainiert werden. Nur durch regelmäßiges, beharrliches Üben wirst Du merken, was für ein Geschenk Achtsamkeit für deine Liebe und Sexualität bedeutet. Durch Achtsamkeit stellst du wieder Nähe, Intimität und eine tiefe Vertrautheit her. Du lernst dadurch, einer geliebten Person wahrhaftig zu begegnen.

Ein paar Worte zum Abschluss

Weisheitskarten sind eine wichtige Orientierungshilfe zur Selbsterkenntnis und ein Ratgeber für Lebensthemen. Sie sollen Phantasie und Intuition anregen. Wenn sie dabei auch noch dein Unterbewusstsein anzapfen, bekommst du die Antworten auf deine Fragen direkt von deiner Seele.

Über die Autorin

Sandra Cammann, 1975 in Lüneburg geboren, ist Sportwissenschaftlerin und freie Journalistin. Als Referentin, Coach und Reiseleiterin motiviert Sandra täglich unzählige Menschen, sich geistig und körperlich zu bewegen. Außergewöhnliche Talente und eine spirituelle Gabe haben sie seit ihrer Kindheit begleitet. Während sie ihren Yogaroman „Herzen fühlen – Kamasutra für Einsteiger" schrieb, kam ihr intuitiv die Idee mit ihrer künstlerisch begabten Mutter, Godlint Blümle, Weisheitskarten zu diesem Thema zu entwerfen.

Weitere Infos:
www.sandracammann.de

Bereits bei Windpferd erschienen:

Sandra Cammann

Herzen fühlen
Kamasutra für Einsteiger

ISBN 978-3-86410-173-1
Gebundene Ausgabe
232 Seiten, farbig

Sandra Cammann

Der Blutgruppen-CODE
Das Fitness-Geheimnis

ISBN 978-3-86410-154-0
Broschiert
224 Seiten, farbig